DEVOCIONAL PARA LA MUJER VIRTUOSA DE HOY:

BLOG MUJERES DE FE

Myrnaly Sepúlveda -Bachier

Tabla de Contenido

DEDICATORIA 4

Dia 1: Mujer Virtuosa… ¿Para solteras, casadas y hombres? 5

Dia 2: Mujer Digna de Confianza 8

Dia 3: Mujer de Bien y No de Mal 11

Dia 4: Mujer que hila con sus manos 14

Dia 5: Ella Trae Provisión de Lejos 17

Dia 6: La Mujer que Administra Bien su Tiempo 20

Dia 7: la Mujer que ve las Oportunidades 22

Dia 8: La Mujer que es Fuerte 24

Dia 9: La Mujer que es Perseverante 26

Dia 10: La Mujer que Marca a Otros 28

Dia 11: La Mujer que Cubre a su familia 30

Dia 12: Ayudando a Crear Respeto 32

Dia 13: Trabajando la pureza 34

Dia 14: ¿De qué te Vistes Hoy? 36

Dia 15: Palabras que reflejan tu Interior 38

Dia 16: Mi Tiempo de Ocio Habla de Mí, ¿Qué Dice? 40

Dia 17: ¡Llamando a Todos los Esposos y a Todos los Hijos! 43

Dia 18: La Belleza Eterna 45

Dia 19: Porque Somos Mujeres Virtuosas 47

Acerca de la Autora 49

DEDICATORIA

Dedico mi primer libro a mi esposo Norberto Gracia y a mis hijos, Nicole Marie Mercado y Vladimir Mercado por siempre apoyarme en todos mis proyectos. Dios ha bendecido mi vida con ellos.

Mi mayor dedicatoria es para mi Señor y Salvador Jesucristo, quien me ha guiado en este caminar, y llegó a mi vida justo a tiempo.

Dia 1: Mujer Virtuosa... ¿Para solteras, casadas y hombres?

"Mujer virtuosa, ¿quién la hallará? Porque su estima sobrepasa largamente a la de las piedras preciosas."

La Biblia tiene pasajes que todos leemos frecuentemente, como la oración del Padre Nuestro, el Salmo 23 para cuando estamos en angustia y Proverbios 31 donde se describe a la mujer virtuosa. Creo que muchos hemos leído este pasaje, y voy más allá, ¿cuántas de nosotras nos hemos comparado a esta mujer virtuosa para simplemente darnos cuenta de que no damos la talla? He escuchado a muchas mujeres sentirse intimidadas por la idea de esta mujer perfecta que realiza el trabajo como de cinco personas. Otras piensan que esto se aplicaba a la época y no tiene una aplicación en los tiempos que estamos viviendo hoy día donde la mujer no maneja una granja, o cose toda la ropa de su familia. Y muchos hombres piensan que este capítulo no se escribió para ellos. Pues... déjenme decirles que este capítulo no fue escrito para la mujer, sino para el hombre. Es una madre aconsejando a su hijo sobre la mujer que él debe escoger para ser su compañera, su ayuda idónea. Es más, leyendo sobre este capítulo pude encontrar que primeramente es un poema, donde cada verso forma un acróstico con todo el alfabeto hebreo, en orden. O sea, tenemos todos los puntos de la A a la Z. En la cultura hebrea se utilizaba este poema como un himno o cántico para que el hombre bendijera a las mujeres de su familia, su esposa, su madre, etc. ¡Es un cántico de bendición del hombre para la mujer! Así que estos textos nos aplican a ambos sexos. El hombre debe memorizarlos para saber que debe buscar en una mujer de Dios, y la mujer debe utilizarlo para aprender a ser esa mujer, que es una bendición de Dios para su familia.

Otra percepción errónea de estos textos es que sólo están escritos para la mujer casada, y no aplica a las solteras. Pues déjame decirte, que primeramente la mujer ya debe tener esas virtudes para cuando el hombre busque su esposa según la Palabra y el consejo de Dios. Así que esto comienza desde que estamos solteras, y para las que somos madres, esto nos da la responsabilidad de formar en nuestras hijas estas virtudes desde que son niñas pequeñas. En nuestros hijos varones, nos toca ir formando la idea de lo que es escoger una mujer conforme a los consejos de la Escritura. Pero volviendo al tema, la mujer soltera tiene igual aplicación a su vida de estos pasajes que la mujer casada que lleva un hogar. En esta serie vamos a hablar de cómo interpretar estos versos en los tiempos en que vivimos hoy y de cómo pueden traer bendición a nuestras vidas. Puedes ir leyendo el capítulo, pero no te frustres al examinar tu vida a la luz de esta descripción. Vamos a caminar este camino juntas, con la ayuda del Espíritu Santo. Y tu varón que me lees, puedes aprender también a cómo bendecir a las mujeres de tu vida.

La versión más común de la Biblia en inglés se traduce como el texto que incluí en la foto donde dice que la mujer virtuosa es difícil de hallar cómo los rubíes. Los rubíes son más raros que los diamantes. Y así es esta mujer virtuosa, no es como todas las demás, es escogida y separada por Dios por medio de la santificación.

Oremos a Dios presentando nuestras vidas para que nos examine y hable a nuestros corazones a través del estudio de este capítulo de

Proverbios. Que podamos aplicar todas las enseñanzas para bendecir nuestras familias y las personas que nos rodean. Amén.

Dia 2: Mujer Digna de Confianza

Dicen por ahí que la confianza se gana. Cuando somos muy pequeños confiamos en todo el mundo y creemos todo lo que nos dicen. Claro, nuestras primeras experiencias son en el hogar con nuestros padres; pero según vamos creciendo vamos añadiendo diversas experiencias a nuestra maleta emocional, y muchas de ellas incluirán momentos en que personas que amamos o confiamos nos han fallado. Ya de adultos, la mayoría de nosotros somos muy desconfiados, a veces hasta de Dios. Conocemos el carácter y los atributos de Dios, quien es inmutable, fiel y verdadero, y aún así, cuando nos vemos en momentos difíciles podemos tener dudas de dejarle todo en sus manos, confiando plenamente en que él hará y todo ocurre bajo su divina voluntad para nuestras vidas.

¡Wow! Así que luego de leer eso, ¡cuán difícil se percibe la tarea de ser una mujer que inspire confianza! Aún si soy soltera, ¿puedo decir que otros me ven como una persona en quien pueden confiar? Esta característica va a ser el reflejo del carácter de dios en mi vida, y es la primera característica que se describe en este pasaje para la mujer virtuosa.

Yo veo la confianza como cuando decido guardar mi dinero en el banco, y no tenerlo escondido en mi casa. Pienso que el banco lo va a tener seguro, no va a gastar ni un centavo, y hasta me va a traer ganancias, dependiendo de la cantidad de dinero que deposite allí. Confío más en los bancos que están asegurados por si algo pudiera surgir. Así mismo es la confianza. Decido compartir mis pensamientos, sentimientos, preocupaciones y hasta responsabilidades con alguien que pienso me dará seguridad. Para confiar en alguien debo pensar que esa persona es predecible en su comportamiento.

Cuando vemos en la palabra muchos versos que hablan de que nuestra confianza está puesta en dios, nos lleva a sentir paz. Tenemos la seguridad de que dios va a actuar a nuestro favor y entregamos a él nuestros mas íntimos pensamientos. De igual forma, el esposo que puede confiar plenamente en su esposa vivirá paz en su relación, y sentirá que puede delegar tareas y responsabilidades en ella. Para esto, la mujer debe ser discreta. Nadie va a confiarte si saben que vas a decir a todos lo que se te confió. La mujer virtuosa debe saber escuchar sin juzgar o criticar, pero si puede aconsejar. El hombre contrario a la mujer es más reservado en sus asuntos, pero igualmente necesita a alguien, incluyendo a dios, en quien pueda depositar sus miedos, sus frustraciones y sus anhelos. La ayuda idónea estará ahí para animarlo y ayudarle mientras le demuestra respeto. Como los bancos asegurados, la mujer que ama a dios y mantiene un buen testimonio aún en privado, esa ganará la confianza de muchos. Dios es nuestro seguro. Puedo confiar en ella porque me refleja el carácter de Dios.

La segunda parte de este verso: "el corazón de su marido está en ella confiado, y no carecerá de ganancias." La mujer virtuosa es alguien que será ayuda idónea a su esposo es aumentar sus ganancias, no solo económicas, si debe ser juiciosa a la hora de comprar, sino que debe también ayudar a traer ganancias espirituales a su vida. Ella ayuda a economizar en el hogar, vigilando los gastos y haciendo una buena utilización de los recursos que poseen, recordando siempre que el primado es de Dios. Aporta ganancia espiritual orando por su esposo. La tarea de ser cabeza del hogar es una gran responsabilidad, como ayuda idónea debemos siempre orar para que dios los guíe y les de la

sabiduría necesaria para la tarea. Somos nosotras quienes les levantamos las manos cuando sienten que no tienen fuerzas para luchar. Si eres soltera y cabeza de tu hogar al mismo tiempo, busca que el señor te muestre como traer ganancia a tu hogar, enseñando a tus hijos que, aunque tú tengas un rol diferente por las circunstancias, los principios bíblicos son los mismos. Y siempre recordando: "no os hagáis tesoros en la tierra, donde la polilla y el orín corrompen, y donde ladrones minan y hurtan;"
S. Mateo 6:19 RVR1960. Ayudemos a sembrar lo que permanece.

Oremos al Señor para que nos muestre dónde podemos mejorar para ser dignas de confianza reflejando su carácter en nuestras vidas y cómo podemos ayudar a traer ganancia a nuestro hogar.

Dia 3: Mujer de Bien y No de Mal

No siempre es fácil hacer el bien. Y…. ¿hacer bien todo el tiempo? Mucho más difícil. La bondad es un atributo de Dios, que llega a nosotros como parte del fruto del Espíritu. Lo tenemos en el paquete desde que nacimos a una vida nueva en Cristo. Pero bien, apliquémoslo ahora a la mujer virtuosa descrita en Proverbios 31.

Dar el bien todos los días de mi vida... Bueno... pensándolo bien, ¿tengo que dar bien, aunque me paguen con mal, cuando estoy molesta y cuando me han fallado? Lo cierto es que las personas con las que convivimos y amamos nos van a fallar. Quien único no nos falla es Dios. Hay días en nuestros matrimonios o en nuestras familias y amistades, donde será muy fácil hacerles bien. Pero hay otros días en que no deseamos hacer el bien porque pensamos que no lo merecen. Es ahí donde entra el amor incondicional que hemos conocido de Dios. Para que un matrimonio o cualquier relación interpersonal funcione y sea duradera, debemos dar nuestro amor y nuestro bien incondicionalmente. Si lo que yo voy a dar depende de lo que reciba de la otra persona, la relación va a ser muy inconstante y hasta corta. Dios nos amó y nos salvó siendo nosotros pecadores, y habiéndonos salvado, aún nosotros le seguimos fallando. Puedo terminar una discusión o un malestar devolviendo bien. Esto puede llevarme a ser pacificador.

Hacer el bien implica dedicar el tiempo correcto a las cosas. Si mi trabajo ocupa el tiempo de calidad que debo pasar con mi familia, debo hacer ajustes. Hago bien a los que amo poniendo mis prioridades en orden y demostrándoles que son importantes para mi. Puedo ser trabajadora, pero mi rol de hija, esposa o madre no deben ser afectados. El mundo nos ha vendido tan bien el sueño americano donde muchas personas hoy día solo trabajan para seguir adquiriendo posesiones mientras nuestras familias se derrumban. Los hijos tienen padres que les compran todo, pero no escuchan "te amo", ni reciben besos y abrazos. Los esposos solo conversan sobre las cuentas a pagar, los asuntos escolares de los hijos y los problemas del trabajo. Es necesario orar juntos, conversar y reír, y animarnos cuando nos sentimos desanimados.

La mujer virtuosa hace el bien con sus palabras. Tiene palabras de aliento, de gratitud, de alabanza y no de queja o crítica. Tiene palabras de respeto hacia su esposo y no le quita su autoridad frente a otros. Tiene palabras amorosas y cariñosas para los suyos y no juzga ni menosprecia. Por el contrario, no es contenciosa ni busca problemas.

Ella hace el bien con sus acciones, teniendo detalles de amor para los suyos. Ella se prepara a esperar a su esposo, ella saca a pasear a sus padres, ella les envuelve un regalito en las ocasiones especiales o les hornea un bizcocho en su cumpleaños. No quiere decir que no discipline a sus hijos, pero lo hace en amor. El disciplinarlos es hacerles bien para un futuro. Ella sabe escuchar las ideas de su esposo y sus consejos. Pero, sobre todo, su bondad refleja en ella la nobleza que solo refleja el carácter de Dios.

Cada vez que vayamos a decir o hacer algo debo pensar: "¿Esta acción hará bien?" Ese deberá ser nuestro filtro. Cuando veo a alguien que va a cruzar en la calle, ¿le dejo pasar? ¿Enseño a mis hijos a ser bondadosos con otros o les digo que cuando alguien en la escuela los mire mal, le devuelvan una mala mirada?

"Ella da bien y no mal". Que la próxima vez que alguien lea este pasaje pueda pensar en mi como un ejemplo y glorifique a Dios.

Oremos al Señor para que nos muestre y nos guíe a ser personas que no se cansen de hacer el bien. Que podamos nutrirnos de su presencia para poder seguir creciendo en madurez espiritual.

Dia 4: Mujer que hila con sus manos

"Busca lana y lino, Y con voluntad trabaja con sus manos."

Nos encontramos en la era de la mujer empoderada, de la mujer exitosa, de la mujer empresarial y de las mujeres "multitasking". El rol de la mujer ha ido evolucionando y cambiando drásticamente con los años. Ya la mujer no puede ser llamada el sexo débil, sino el fuerte. Pero, ahora estamos desarrollando familias débiles y mujeres indiferentes. Y no quiero que me malinterpreten. Yo soy una mujer profesional, que estudié en la universidad y trabajo en una posición gerencial. Querer tener metas en la vida no es malo. Quizás es más dañino tener una baja autoestima que no te deja desarrollarte en ningún área, incluyendo la ministerial. Aparte de mi trabajo, soy madre de dos adolescentes y como ministerio pertenezco al coro de la iglesia (con todo y sus ensayos), entre otras cosas que surgen para servir. Pero a veces necesitamos un "de vuelta a la realidad", y me refiero a la espiritual.

Este pasaje de Proverbios describe a una mujer que toma los recursos disponibles, lo que tiene a la mano, y diligentemente lo trabaja. La Mujer virtuosa aprovecha todo lo que las circunstancias de la vida le presentan y creativamente lo transforma para el bien del hogar, sea familiar o el suyo propio. La mujer de hoy día, simplemente quiero obtener algo y no se adapta a lo que tiene. Por ejemplo, necesita triunfar en el trabajo, aunque el tiempo familiar se afecte y trabaje más horas, porque ella tiene que demostrar que aunque es mujer ella puede realizar la tarea de los hombres, porque ella tiene el mismo derecho. Y es cierto eso, no hay nada erróneo en esa ecuación, pero quizás estamos vendiendo nuestros tesoros por reconocimientos momentáneos. Muchas veces vemos la necesidad de que otros alaben nuestros logros para sentirnos que realmente tenemos valor. Dios puede darnos la sabiduría y ponernos en Gracia para realizar ciertas labores, pero todo es perfecto bajo su divina voluntad. Dios puede utilizarte para bendecir a otros en tu área laboral, o puede que te estés perdiendo la bendición de servir a otros por tu trabajo o las muchas responsabilidades. En muchas ocasiones hemos perdido esa habilidad de ser creativas con lo que tenemos por comprar las cosas ya hechas. Hemos dejado de estudiar con nuestros hijos para ponerlos en tutorías que nos ahorran ese tiempo de estudio. Hemos contratado personas que hagan la limpieza de nuestro hogar y hemos perdido la experiencia de enseñarle a nuestros hijos como se limpia una casa. Hemos dejado el internet para que entretenga a nuestros hijos. Hemos dejado que las redes sociales y la televisión entretenga a nuestros esposos y que el serví carro le prepare la comida. Hemos dejado de orar en casa para que todos tengan su tiempo con Dios cuando vayan a la iglesia. Preparar un bizcocho en casa con los nuestros y tener ese olor que nos enamora, sentarnos a hablar y conocernos, tener un tiempo de ocio al en el hogar son cosas del pasado.

La Mujer virtuosa toma lo que tiene, y si solamente tiene a Dios, puede impactar el pueblo completo donde vive. Si solo tiene una Biblia, puede enseñar a otros el plan de salvación. Si solo tiene un pedazo de pan, lo comparte con alguien que no tiene nada. Si solo tiene un techo, lo decora con flores que encuentra a su alrededor. Podemos ser trabajadoras, pero no debemos vernos atrapadas en esa competencia sin fin que la sociedad nos presiona a pertenecer. No es menos exitosa la que se queda en su hogar cuidando a su familia, o a sus padres mayores. No es menos exitosa la que no posee un automóvil del año. No es menos exitosa la que solo tiene su fe, al contrario, esa es la que lo tiene todo. Y toma su fe y la usa para trabajar para el reino de Dios. La Mujer virtuosa es una mujer fuerte por definición y vive una vida plena. Sirve y trabaja por amor a los suyos, y no ve las tareas como una obligación. Ella ama el atender y servir a su esposo, a sus padres y a sus hijos. El vivir bajo la voluntad y dirección de Dios le darán el gozo y paz que ella necesita para sentirse en la cima del mundo.

Oremos al Señor que sea Él dirigiendo nuestras vidas y mostrándonos su voluntad. Que podamos ver con amor las tareas del hogar y el servicio a los nuestros y sea eso testimonio del amor de Dios en nosotras. Que podamos construir familias fuertes, que son la base de la sociedad. Que podamos ver que nuestro valor lo fijó Dios en la cruz.

Dia 5: Ella Trae Provisión de Lejos

"Es como nave de mercader; Trae su pan de lejos."

Conozco dos marinos mercantes que visitan mi trabajo. No tenía idea de lo sacrificado que es ese trabajo. Es un trabajo fuerte y pasan muchos días en alta mar, por lo que trabajan seis meses consecutivos, y luego descansan seis meses. En medio año ganan el salario del año completo. Desde muchísimos años atrás, podemos conocer a través de la historia que los barcos de mercader eran muy importantes en las culturas y civilizaciones, porque un país no lo produce todo, ya sea por la variedad de climas, suelos y recursos naturales, y dependen de adquirir de otros lugares las provisiones que necesitan. Por ejemplo, en Puerto Rico se cultiva el mangó, la piña y la china, pero se compran fuera las fresas, las manzanas y las peras.

Ayer hablábamos de la mujer virtuosa que sabe utilizar bien los recursos que tiene disponibles para el bien de su hogar. Pero no todo lo que necesita lo tiene disponible en su casa. Por ejemplo, hay mujeres que les proveen la educación en su casa a sus hijos, pero la mayoría deben escoger una buena escuela o institución para que reciban la enseñanza. La mujer sabia debe planificar el que su hogar tenga todo lo necesario, tanto físico como espiritual y emocional. Es el ayudar a su esposo, a sus padres o si es soltera a su propio hogar a que no haya carencia de nada importante. Necesitamos una enseñanza espiritual, necesitamos congregarnos, necesitamos buscar una forma de servir a otros. Si hay situaciones difíciles y debemos buscar un recurso que nos aconseje y nos dirija en el camino, nos ayude a limar asperezas, un buen chequeo de salud o necesitamos consejería financiera. Ella debe ser sensible y alerta a las necesidades que se presentan. Ella debe ver si hay carencia de amor, de compañerismo y de muestras de bondad y pedir a Dios que la ayude a suplirlas.

Pero lo más importante es la intercesión en oración por su vida y la de los suyos. Ella busca la dirección del Espíritu Santo. Ella busca la Palabra que se necesita para cada situación. Ella pide fuerzas al Señor cuando siente que ya no le queda ninguna. Ella ora por sanación cuando hay enfermedad presente. Ella busca sabiduría de lo alto para ser ayuda idónea y para hablar y aconsejar a sus hijos. Ella puede ser la amiga que da consejos sabios a otras mujeres. Ella no se cruza de brazos porque sienta que no tiene lo que le falta. Si ella se siente que no es capaz para realizar una tarea, ella va a buscar que Dios la capacite o la dirija a donde debe ir. Si ella se siente con poco conocimiento sobre algo, ella busca estudiar y aprender lo que carece. Y es de sabios pedir ayuda, porque no lo podemos hacer todo nosotras solas. El decidir buscar ayuda, sea para alguna tarea física o para ayuda emocional o espiritual, no es y nunca será una señal de debilidad, al contrario, es de fuertes y sabios reconocer nuestras debilidades y limitaciones. Hablábamos de la importancia de los barcos mercantes, porque nadie puede solo producir ni tener todos los recursos que necesita. Por eso Dios nos mandó a congregarnos, porque sabía que aparte de su Espíritu Santo necesitábamos dirección y apoyo, y para eso nos proveyó de la familia de la iglesia. Como mujeres que venimos por años luchando para no ser llamadas "el sexo débil", es difícil a veces reconocer que necesitamos buscar ayuda. Y vuelvo y te repito, no es señal de debilidad, sino de madurez y fortaleza.

La mujer virtuosa no se conforma cuando de momento carece de algo, o no encuentra algo rápido, como una solución a un problema, ella sigue buscando. Si tiene que ir más lejos, allá irá. Si de camino debe sobrevivir la tempestad, ella lo hará. La marea y las olas no siempre son serenas. Pero podemos estar confiados en que el mismo que creó el mar y las olas es el que nos acompaña, nos cuida y nos dirige, solo debemos estar atentos a su voz.

Oremos al Señor para que nos dirija en este caminar diario, aún en las cosas pequeñas, para que todo lo que hagamos sea para su gloria y para el beneficio de nuestra propia vida y de las personas que amamos. Que no nos cansemos de seguir adelante buscando lo que carecemos en nuestro hogar.

Dia 6: La Mujer que Administra Bien su Tiempo

"Se levanta aun de noche Y da comida a su familia Y ración a sus criadas."

"Al que madruga Dios lo ayuda". Ese es un refrán muy popular en nuestro país. No necesariamente es algo que mucha gente pone en práctica. Salgo por las mañanas a llevar mis hijos a estudiar y seguir a mi trabajo y uno ve cada persona apurada, tirándote el carro encima, ignorando las luces de los semáforos y a un exceso de velocidad. Todo esto pone en riesgo sus vidas y las de los demás solamente, por el simple hecho de que no se prepararon a tiempo y van tarde.

Este principio podríamos aplicarlo a nuestra vida cotidiana y espiritual. La mujer virtuosa administra bien su tiempo. No necesariamente Dios nos manda a levantarnos de la cama mientras esté oscuro, depende del lugar donde vivas, los horarios de la salida del sol varían de hora. Pero sí se refiere a comenzar las cosas con el tiempo necesario para lograr terminarlas de una manera eficiente. La mayordomía de nuestro tiempo comienza a formarse desde que somos niños, y la fortalecemos desde que somos adultos solteros. Si esperamos a disciplinarnos en manejar nuestro tiempo eficientemente cuando nos casemos y tengamos una familia, ya estamos tarde y se la hará difícil ajustarnos. La Biblia nos dice en Eclesiastés que hay tiempo para todo. Tenemos las mismas 24 horas que las personas que logran realizar muchas tareas a tiempo. Dios nos anima a hacer buen uso en: Efesios 5:16 "aprovechando bien el tiempo, porque los días son malos."

Lo contrario a esta enseñanza es la procrastinación. Es cuando dejamos todo para después y le damos de largas al asunto. Entiendo que a veces se nos suman cosas inesperadas a nuestra rutina, como la visita de la enfermedad en el hogar o de un familiar cercano, horas adicionales en el trabajo, actividades adicionales en los ministerios, reuniones de escuela y otros. Cuando nos vemos con muchas cosas a la vez, tendemos a procrastinar lo que menos nos gusta hacer. Pero la mujer que da testimonio de la vida que lleva en Cristo, tiene una buena mayordomía de su tiempo. Si es necesario madrugar para completar las tareas que tengo pendiente, debemos hacerlo. Si debemos cortar el tiempo de la tv o el internet, debemos hacerlo. Hoy día vemos cómo madres no atienden a sus hijos, sus hogares o sus esposos por estar entretenidas con novelas o con las redes sociales. Debemos poner nuestras prioridades en orden, y nuestras tareas pendientes también ocuparán el orden que corresponde. El saber manejar bien nuestro tiempo nos ayudará con nuestra autoestima y nos dará también al final tiempo de descanso porque no dejamos acumular las cosas. Tengo que confesarme con ustedes, que esta es un área en que a veces fallo con frecuencia y es mi esposo el que me recuerda la realidad.

Debemos también aprender a delegar cosas. En el verso ella se encarga temprano de sus criadas para que puedan realizar las tareas. Debemos reconocer nuestras limitaciones y hablar o pedir ayuda, sea externa, de los hijos o del esposo. La mujer virtuosa se sienta a planificar su día y su semana. Recuerda que Dios en nuestra comunión con Él nos ayuda a manejar hasta las cosas cotidianas. Es más, El quiere que las compartas con Él para guiarte. Aprovechemos bien el tiempo.

Oremos al Señor que nos muestre en donde estamos fallando en la mayordomía del tiempo para que podamos corregir nuestras fallas y dar buen testimonio de las cosas que Dios obra en nuestras vidas.

Dia 7: la Mujer que ve las Oportunidades

"Considera la heredad, y la compra, Y planta viña del fruto de sus manos."

La Mujer virtuosa ve las oportunidades y las aprovecha. ¡Cuántas veces hemos visto varias personas con una misma oportunidad de frente, pero no todos se apoderan de ella! Dios nos ha dado a todos talentos y dones para ayudarnos a sobrevivir en la vida y servir a otros. Yo no soy buena cosiendo ropa, pero soy buena cocinando. Yo no tengo la vocación para ser una buena enfermera, pero soy una excelente tecnóloga médica. Podemos ver dos niños que practican a correr juntos, pero solo uno de ellos se convierte en atleta. Dios hace salir su sol y deja caer su lluvia para todos, y más aún tiene su gracia para sus hijos. Hay ocasiones en que una mujer puede pensar que ella no ha sido tan bendecida como otra, y es que ha dejado pasar frente a ella oportunidades sin pensar que le pertenecen.

Dios nos bendice a todos de maneras diferentes, pero siempre está ahí y tiene un propósito para nuestras vidas, somos nosotros mismos los que a veces nos saboteamos lo que tenemos por delante. Para eso debemos trabajar primero con nuestra autoestima. Muchas veces nos vemos incapaces de llevar a cabo alguna función porque pensamos que no podemos o que no estamos capacitados. Dios es quien nos capacita cuando buscamos y seguimos su voluntad. Tomar decisiones para nuestra vida a veces nos da temor, manejar un hogar como madres solas puede hacernos sentir que somos débiles ante ese gran peso, o administrar un hogar junto a un esposo maravilloso puede a veces intimidarnos porque no queremos fallar o hacer algo incorrecto. La sabiduría comienza por el temor a Dios, lo dice su Palabra. Debes comenzar por ahí. Dios hizo su creación perfecta y vio que era buena. La sociedad nos pone moldes muy difíciles de llenar, pero el molde que debe preocuparnos es el que se espera de nosotras como hijas de Dios. Nuestro modelo para seguir es Jesucristo y nuestra dependencia es de Dios.

El verso dice que "planta viña con el fruto de sus manos", nuestras manos crean cosas maravillosas. Nuestras manos sirven para peinar a los niños, para cuadrar las finanzas del hogar, para confeccionar una cena donde podamos compartir, decorar una mesa, forrar las libretas de la escuela, pueden dar un vaso de agua al necesitado, pueden usarse para extender las manos al cielo, pueden pasar las páginas de la Biblia y pueden expresar amor a nuestros seres queridos. Dios te dio muchas capacidades, y te dio la mayor de todas que es la capacidad a través de su Espíritu Santo de recibirle para salvación. Las oportunidades están frente a ti todos los días, solo pídele a Dios poder reconocer las que más nos convienen.

Oremos al Señor presentando nuestras vidas y que nos muestre las inseguridades que tenemos que no nos dejan tomar oportunidades y bendiciones que pasan frente a nosotros. Que su Palabra nos guie al camino que debemos seguir. Nuestras manos son benditas para bendecir.

Dia 8: La Mujer que es Fuerte

"Ciñe de fuerza sus lomos, Y esfuerza sus brazos."

Este verso parece contradecir lo que hemos creído de la sociedad de que la mujer es el sexo débil. Dios no está comparando a la mujer con el hombre ni se trata de la batalla de los sexos. Pero es interesante ver que es una de las cualidades que describen a la Mujer virtuosa.

Cada vez que se habla de cuan fuerte es una persona se recrea en mi mente una vivencia de años atrás, como a dos años de haber enfrentado el divorcio. Estaba platicando con una amiga y ella me decía que ella no se veía tan fuerte como yo que llevaba un hogar yo sola. Al llegar a casa no pude evitar el llanto, y recuerdo acostarme en la cama y decirle a Dios que yo me sentía muy débil, que yo en realidad no era nada fuerte, que sentía muchas veces que la carga que llevaba era demasiado pesada para mi. Lo cierto es que no fue la única ocasión en que he dicho esas palabras al Señor. Pero ¿sabes? No dije nada que no fuera cierto. Cuando reconozco que soy débil, que no tengo las fuerzas suficientes para continuar, es ahí cuando Dios renueva mis fuerzas. "Dios es el que me ciñe de fuerza, Y quien despeja mi camino;" (2 Samuel 22:33). La mujer virtuosa depende totalmente del Señor para todo lo que hace, y es ahí donde reside su fuerza. Nuestras debilidades son utilizadas para transformarlas en gloria para Dios. Mis debilidades no son para mostrarlas ante los problemas, mis debilidades no son para mostrarlas a cualquier persona, mis debilidades no son para compararlas a mi autoestima. Mis debilidades son para ponerlas a los pies de Jesús, mis debilidades son para llevarlas en oración, mis debilidades son para explicarlas en una consejería pastoral, y para mostrarle a mi familia que aún en ellas Dios se glorifica y puede hacer lo mismo con las suyas. Las fuerzas para llevar mis cargas las obtengo cuando llevo "su yugo que es fácil y ligera su carga". Es Él "Quien hace mis pies como de ciervas, Y me hace estar firme sobre mis alturas;" (2 Samuel 22:34). Si hasta aquí he llegado ha sido por Él.

Aún así no podemos perder de vista que nosotras muchas veces nos ocupamos de los demás y dejamos el ocuparnos de nosotras para último. Tenemos también una responsabilidad con este cuerpo: "¿No sabéis que sois templo de Dios, y que el Espíritu de Dios mora en vosotros?" (1 Corintios 3:16). Para tener energías físicas debemos alimentarnos, descansar y ejercitarnos adecuadamente. Queremos servir en ministerios, trabajar y atender un hogar, pero este cuerpo se cansa y se desgasta. Dios muchas veces me ha dado fuerzas físicas cuando las he necesitado, pero yo debo ser buen mayordomo del cuerpo que Dios me dio.

No no hay circunstancia tan difícil que no podamos poner a los pies de Maestro y obtengamos las energías, las fuerzas y la sabiduría que necesitamos. Él intercambiará mis debilidades por sus fuerzas, sólo debes entregárselas.

Oremos al Señor para entregar, de forma transparente nuestras debilidades. Ya le hemos entregado nuestros pecados y nos ha dado vida eterna, ¿imagina lo que hará al entregarle nuestras debilidades? Que nos dé la fe necesaria para nuestro caminar diario.

Dia 9: La Mujer que es Perseverante

Todos hemos querido alcanzar cosas en la vida, nos hemos trazado metas en el camino. Unos han sido más ambiciosos, en el buen sentido de la palabra, y otros han sido más conservadores. Pero de algo estoy segura... todos han tenido que enfrentar los tropiezos que nos importunan en ese caminar a lograr lo que nos hemos propuesto. Nos ha ocurrido en los estudios, en los trabajos, al querer iniciar un negocio propio, en cosas que queremos para nuestro hogar, en conquistar a alguien, y hasta en cosas espirituales como el tener una vida de agrado y obediencia al Señor, o servir en un ministerio, y las mujeres no son la excepción.

Cuando leo el pasaje de que la Mujer virtuosa se asegura de que los negocios vayan bien, o sea, tengan ganancia, y su lámpara está encendida hasta tarde en la noche, lo que muestra es que es perseverante. Se mantiene produciendo constantemente. Dios hablaba a mi vida esta semana, recordando cómo comenzó este blog, y como pasé una crisis es los pasados meses donde enfrenté hasta quebranto de salud y se me hacía difícil escribir, ¡estaba en blanco! Así mismo pasaron por mi mente tantas otras cosas que comencé y no terminé. Y entendí que Dios quiere que sea consistente aún cuando aparecen tropiezos, o las cosas ya no fluyen tan fáciles. De esa misma manera, hay otras cosas que he querido comenzar, proyectos nuevos que emprender, pero primero debo aprender a no rendirme cuando las cosas se ponen difíciles y ese principio aplica a todo. Habrá días en que esté cansada o no tenga el ánimo, pero como hablábamos de la mujer que es fuerte, es ahí donde debemos depender del Señor. Pero no solo es el perseverar, es hacerlo trabajando y esforzándose. Aún si no aparecen tropiezos a lo que queremos, muchas veces el desánimo o el querer lograr las cosas con el menor esfuerzo posible, van a alejarnos de alcanzar la meta en un tiempo apropiado. Aún en el ámbito espiritual, muchas veces queremos crecer y madurar, pero no dedicamos tiempo a leer y estudiar la Palabra, no dedicamos tiempo suficiente a orar, nos llenamos de otras cosas que no nos edifican, y pensamos que sin ningún esfuerzo lo vamos a lograr. Y realmente eso no viene de nosotros, el Espíritu Santo va a ir transformándonos y va a hacer la obra de restauración en nuestras vidas, pero debemos tener una disciplina personal y un enfoque hacia lo que queremos. Según nos acostamos tarde a veces hablando con amistades, o viendo algo en la tv, podemos no irnos a acostar hasta que hayamos dedicado el tiempo necesario a nutrirnos del alimento espiritual.

Dios puede hacer grandes cosas en nuestras vidas y ayudarnos a alcanzar nuestros sueños, si van alineados a su voluntad, Muchas veces esos sueños, Él los puso allí cuando nos repartió los dones y talentos, pero quiere enseñarnos a utilizarlos para que otros que nos conozcan glorifiquen su nombre y vengan a Él. Que todo lo que hagamos, lo hagamos excelentemente como para el Señor y no para los hombres.

Oremos al Señor y entreguemos a Él nuestros sueños y anhelos para que sea Él mostrándonos su voluntad y que sea nuestro apoyo para hacerlos realidad. Que nos ayude a no rendirnos ante los momentos difíciles, ya que son pasajeros y alcanzaremos un fin mayor. Que en todo lo que soñemos, nuestro mayor anhelo sea agradarle y servirle con lo que hagamos y que nuestra perseverancia sea testimonio a otros de que es Él quien nos lleva de la mano.

Dia 10: La Mujer que Marca a Otros

Recuerdo las veces que alguien paró frente a nuestra casa a pedir un vaso de agua y algo para comer y mi mamá les dio agua o jugo más un sándwich. Recuerdo las veces que mi prima, mayor que yo, iba al supermercado y escogía con este amor y detalle paquetes de pan, paquetes de jamón y queso, leche, jugos, entre otras cosas y luego íbamos con los bolsos a la casa de alguna señora que asistía a su iglesia, a dejárselos allí porque tenían necesidad. Recuerdo la señora que pasaba por casa a pedirle a mami la ropa que ya no nos servía, y que estaba en buenas condiciones. Estos detalles quedan marcados en nuestras vidas para siempre. "Un plato de comida no se le niega a nadie"- así decía mi mamá. No solo marcaron mi vida, marcaron las vidas de los que recibieron esa mano de ayuda.

¿Qué vidas estoy marcando yo el día de hoy? Ya Dios marcó la mía, con su sangre derramada en la cruz. Eso me lleva a tener compasión por los demás y no solo a tener una simpatía, sino debe llevarme a actuar. Quizás no conozco a alguien directamente en necesidad, pero, por ejemplo, mi iglesia recoge alimentos una vez al mes para darle a los que piden ayuda. Pero, quizás no recuerdo a nadie en necesidad porque no estoy dedicando tiempo a las personas que me rodean como para conocer que tienen necesidad. Vivimos hoy dias tan ocupados, y tan entretenidos que el dedicar tiempo a conocer y compartir genuinamente con nuestros hermanos en la fe o nuestros vecinos ya casi no ocurre. Tenemos un llamado a ser sensibles a las necesidades de otros, no solamente físicas sino ayudarlos a encontrar ayuda espiritual y emocional. A veces solo se necesita un abrazo, a veces solo se necesita ser los oídos de alguien, a veces solo se necesita una mano para cruzar la calle o levantarse del suelo luego de una caída.

Se habla de una cualidad de la Mujer virtuosa no solamente porque la mujer tiene esa sensibilidad especial, y somos dadas a los detalles, sino porque tenemos la responsabilidad de ser las que dirigidas por Dios marquemos las vidas de los pequeños para desarrollar personas bondadosas para el futuro. Podemos ser ese ejemplo, esa anécdota que quede en sus corazones por siempre y deseen imitarla. Es un gran privilegio servir cuando entendemos que ya Cristo nos sirvió primero. No espero que ellos lleguen a mí, sino que extiendo mi mano hasta donde esté la necesidad.

Oremos al Señor para que nos guíe a ser sensibles ante las necesidades de nuestros hermanos en la fe y de aquellos que nos necesiten. Que recordemos que hemos sido llamados para con el lápiz de Dios marcar otras vidas.

Dia 11: La Mujer que Cubre a su familia

No podemos evitar que llegue el invierno. Es un proceso de la naturaleza donde cada estación del año tiene su función para que todo siga funcionando correctamente. Las plantas nacen, florecen, pasan por el calor del verano, donde con la energía del sol radiante preparan su alimento, luego pierden sus hojas en el otoño para prepararse para el tiempo de frío, que es el invierno. Todo Dios lo creó perfecto, y nada ocurre espontáneamente o al azar.

El invierno también llega a nuestras vidas; épocas frías donde vemos que nada florece. Unas veces nos parece muy largo, y en otras ocasiones, muy corto. Pero lo importante es conocer que va a llegar y que debemos prepararnos antes de que llegue. Así funciona la Mujer virtuosa, y ésto aplica a las solteras, a las casadas y a los hombres. El invierno va a llegar: los problemas, la escasez, ese silencio en nuestra relación con Dios. Así que debemos estar preparados, ponernos doble ropa: debemos orar más, estudiar la Palabra y memorizarla para que el Espíritu Santo traiga a nuestra mente lo que hemos aprendido en teoría y que es el momento de ponerlo en práctica. Dice el pasaje que "toda la familia está cubierta de ropas dobles". Debemos cubrir a los hijos, a nuestro cónyuge, a nuestros padres. Debemos hablarle a nuestros hijos sobre cómo enfrentar situaciones difíciles, pero ellos creerán más a lo que vean en ti. Ellos van a imitar lo que ven que tú haces para enfrentar la crisis. Si tu gritas, ellos van a gritar, si tú estás ansioso, ellos experimentarán la ansiedad, si te pones de mal humor, ellos aprenderán tus caretas, pero si tú te postras a los pies del Maestro en humildad, reconociendo que dependes totalmente de Él, ellos aprenderán a confiar en un Dios que es real. Nos cubrimos en oración pero también nos cubrimos unos a los otros dándonos apoyo, escuchándonos y aconsejándonos. Debemos tener un ambiente de confianza, donde todos se sientan libres de hablar y compartir sus preocupaciones. La familia que es feliz no vive sin problemas. El hogar feliz tiene problemas, pero Dios es el centro del hogar y cubre todas nuestras debilidades y renueva nuestras fuerzas. Podemos estar confiados en que Él hará, sólo debemos cubrirnos con Él.

Oremos al Señor para que nos ayude a ir de su mano en los tiempos difíciles y no desmayemos. Que nos dé la sabiduría para cubrir de "ropas dobles" a nuestras familias.

Dia 12: Ayudando a Crear Respeto

" Su esposo es respetado". Así lo expresan otras versiones para este mismo pasaje. Proverbios 12:4 nos reafirma: "La mujer virtuosa es corona de su marido."

Todos hemos escuchado que el esposo es la cabeza del hogar y el sacerdote espiritual. Conocemos o al menos tenemos algún conocimiento de la función del esposo y la esposa en el hogar y en la relación matrimonial. Igualmente debes saber que cuando esos roles se invierten, o cada parte no realiza lo que le corresponde, hay problemas. No te hablo de feminismo ni machismo, solo te hablo de el diseño divino, que fue creado por Dios para mostrarnos como debe funcionar un hogar. Es muy fácil pensar que cuando la otra parte falla en ocupar sus responsabilidades, es nuestra tarea ocupar esos zapatos y caminar con ellos. De momento puedes pensar que puedes caminar bien, el problema está en la dirección a la que te diriges.

Con todo este movimiento de las mujeres empoderadas, y el feminismo, podemos llegar a ver a la Mujer virtuosa o a la mujer como ayuda idónea, como algo anticuado, que no le da un buen lugar a la mujer de estos tiempos. Y es todo lo contrario, el diseño de Dios va por encima de lo que podamos entender con nuestras limitaciones o la programación cultural con la que llegamos al matrimonio. Si estás soltera, déjame decirte que la renovación de tu mente en este aspecto debe comenzar ahora, y no cuando te cases, ya será un poco tarde.

Nuestros temperamentos pueden ponernos a competir sobre nuestros roles. Pero si por ejemplo, el esposo no está llevando a cabo alguna tarea como cabeza del hogar, es función de la mujer, ayudarlo a que pueda darse cuenta y apoyarlo para quitar alguna inseguridad que pueda tener. La esposa puede aconsejar y orar por su esposo para que el Señor le fortalezca en las áreas necesarias. No es nuestra función el ser impacientes y hacerlo nosotras, o criticar todo lo que haga mal. Podemos ayudar al Señor a crear hombres que amen ser nuestros sacerdotes en el hogar y sean guiados por Él para tomar sabias decisiones. Hacer eso no nos hace sentir inferiores, o esclavas. Simplemente llevamos a cabo el rol que nos corresponde, y vamos creciendo espiritualmente, y vamos creando hogares saludables, con Dios como centro. Nuestros esposos serán respetados y conocidos por sus frutos. Un esposo que ama a Dios tiene una gran responsabilidad de cuidarte y tratarte como Cristo a su iglesia. No hay nada mejor que sentirse cuidada, amada y protegida por un esposo que refleja el carácter de Dios y tu eres parte esencial para lograrlo. Tu vas a disfrutar del resultado.

El ser una mujer virtuosa, el ser una Hija de Dios ya te da suficiente valor y estima.

Oremos al Señor para que nos dé la sabiduría para llevar acabo nuestros roles, según correspondan, para darle a Él toda la gloria y la honra, y edifiquemos hogares saludables.

Dia 13: Trabajando la pureza

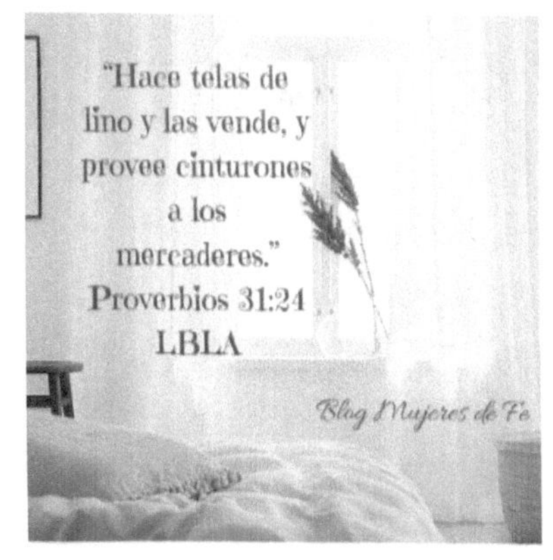

Pureza. ¿Qué ves en tu mente cuando lees esta palabra? Quizás piensas en algo completamente blanco, reluciente, sin mancha. ¿Te ves a ti mismo como puro? Dios espera pureza en nuestra vida y nuestras acciones. No es un asunto de edad, de estatus civil, ni de sexo masculino o femenino. Dios realmente espera pureza en tu vida. Ya la obra más difícil Él la realizó en la cruz para lavar tus pecados con su sangre, derramada por ti. Dios nos dio un Espíritu Santo que nos acompaña y nos guía, y nos redarguye cuando es necesario. Dios no espera que lo hagamos solos o en nuestras fuerzas, espera que lo hagamos asidos de su mano.

Hay otro pasaje similar a el que acompaña este escrito. "Además todas las mujeres sabias de corazón hilaban con sus manos, y traían lo que habían hilado: azul, púrpura, carmesí o lino fino." (Éxodo 35:25) En esta ocasión se refiere a los trabajos voluntarios para la ofrenda del tabernáculo donde se posaría la gloria de Dios para el pueblo de Israel en el caminar a través del desierto. El lino era una tela fina, utilizada en la Biblia en muchos pasajes como símbolo de pureza, y santidad. La mujer virtuosa no solo trabaja para el sustento, ella también trabaja para la obra del reino y para el sustento espiritual. Como ofrenda a Dios le entregamos nuestra pureza. No importa tu pasado, Dios hace todas las cosas nuevas. La mujer virtuosa trabaja en la pureza de su vida y su hogar. Es un gran testimonio en medio de un mundo caído, donde la sociedad nos enseña mentiras que denigran nuestro valor, tanto como mujeres, como a los hombres, donde nuestros cuerpos y nuestras acciones no tienen estima y se vive sin reglas y sin guardarnos. El problema es que tampoco guardamos nuestro corazón. Dios quiere guardar tu cuerpo, tu mente y tu corazón. Tu vales mucho para el Señor. Tu vales precio de sangre. Dios quiere vestirte de lino fino y darte una vida nueva, solo debes tener fe. El pecado que nos asedia, nos hace creer muchas veces que no podemos dar más, que somos lo que ya hemos nos vivido y que no hay remedio. Dios tiene el poder de renovar tu vida. Dice en Isaías: "Vengan ahora. Vamos a resolver este asunto —dice el SEÑOR —. Aunque sus pecados sean como la escarlata, yo los haré tan blancos como la nieve. Aunque sean rojos como el carmesí, yo los haré tan blancos como la lana." (Isaías 1:18). No hay nada imposible para Dios. El mundo quiere hacerte creer que eres del montón y que tú valor está en las posesiones o en los puestos de poder, pero tu verdadero valor está en ser un hijo de Dios, a quien Él limpia y da una vida nueva. Trabajemos para ofrendar nuestra pureza al Señor, una vida de integridad y honestidad.

Oremos al Señor para presentar nuestras vidas a cara descubierta ante Él. Que podamos trabajar las áreas de nuestra vida donde nos revele que no tenemos pureza, para seguir transformando nuestras vidas hasta que Él complete la obra que comenzó en nosotros.

Dia 14: ¿De qué te Vistes Hoy?

Trabajo en un laboratorio clínico, como les he mencionado recientemente, y es asombroso la cantidad de personas jóvenes que llegan con enfermedades inflamatorias, dolores crónicos y que toman antidepresivos. Cada día surgen más condiciones autoinmunes, o sea, condiciones donde el sistema de defensa del cuerpo tiene fallas y te ataca tu propio cuerpo, como lo es la psoriasis, la artritis reumatoidea, el lupus, y muchas otras. Y muchos de esos pacientes tienen un denominador común: el stress. Stress que no existía años atrás y que con los cambios en los estilos de vida y las culturas aumenta más cada día. Hasta he escuchado a niños decir que viven con stress. Las mujeres muchas veces se llenan de ansiedad tratando de tener todo bajo control y nos damos a la tarea de querer saber lo que nos traerá el día de mañana para tratar de resolverlo hoy.

Dios es el único que tiene todo bajo su control. Nosotros estamos bajo el cuidado y la protección de Él. ¿Porque entonces nos da ansiedad y temor? El pasaje nos dice que la Mujer virtuosa se viste de fortaleza. La fortaleza no proviene de ella, se cubre de ella. La fortaleza de nuestra vidas proviene del Señor. Se viste de dignidad, porque nuestro valor hoy y mañana y pasado mañana no depende de las circunstancias ni de lo que otros hagan, mi valor no cambia, porque Dios no cambia. El me hizo, Él me redimió y soy de Él. No hay temor al futuro porque mi amado Señor Jesucristo ya está en él. Mi futuro está escrito en detalle en la Palabra de Dios, la Biblia. Cuando tengo la revelación de quién es mi Dios, y quien soy yo, puedo reírme de gozo a diario, puedo vivir confiada y experimentar la libertad que ya Dios compró para mí con la sangre de su Hijo Jesucristo. Solo debo confiar, tener fe. Todo lo que me agobie lo entrego a Él en oración y Él me escuchará, me consolará, me dará sabiduría para enfrentar lo que sea y Él va a obrar. La mujer virtuosa deposita su confianza en el Señor y da ánimo y paz a su esposo y a su familia. Si eres soltera, puedes ser ánimo y testimonio para tus padres, tus hermanos o tus amigos. Vístete de la fortaleza y dignidad que sólo Él te puede dar, y verás brillar la gloria de Dios.

Oremos al Señor para entregar sobre Él toda ansiedad o preocupación que podamos tener y que derrame de su gracia sobre nuestras vidas para que podamos experimentar La Paz y la libertad que ya Él nos dio.

Dia 15: Palabras que reflejan tu Interior

Hemos visto en esta serie de Proverbios 31 sobre la Mujer virtuosa muchos aspectos sobre hacer tareas, trabajar y servir a nuestra familia y a otros. Esta cualidad de hoy va más al interior, para ser llamada virtuosa. Dice que "cuando habla sus palabras son sabias, y da órdenes con bondad". Algo hemos aprendido en este caminar cristiano y es que todo lo que reflejamos en nuestro exterior, es simplemente la expresión de lo que tenemos en el interior. No importa cuánto quieras disimular o esconder algo, tus acciones y tus gestos van a delatarte. Detrás de esa ira irracional, que te hace explotar con el más mínimo incidente, hay heridas sin sanar. Detrás de esa irritabilidad puede haber stress. Y detrás de todas las cosas que no te permiten que las palabras dulces, amables y sabias fluyan naturalmente, puede que necesites acercarte más a Dios.

Mateo 12:34 dice que "de la abundancia del corazón habla la boca". No solo debes administrar y organizar tu hogar, es necesario, guardar y limpiar el corazón. Por eso es necesario que dediques tiempo a leer la Palabra de Dios, ella te mostrará que áreas de tu corazón deben ser limpiadas o sanadas. Ese tiempo a solas con Dios donde derrames delante de Él todas tus preocupaciones y todos tus corajes, el presentarte delante de Él con toda sinceridad, si ya Él te conoce, y sabe lo que vas a decir desde antes que lo pienses. Pero tú necesitas desahogarte y descansar en su presencia. Reconocer que Él te va renovando en su amor, para perfeccionar la obra que comenzó en ti. Él sabe que tienes debilidades, y te ofrece su fortaleza.

Muchas veces ni nosotros mismos sabemos lo que nos ocurre o porque reaccionamos de cierta manera. Dios nos conoce a la perfección. Podemos pedirle como dice en el salmo 139 que escudriñe nuestros corazones y nos revele lo que no podemos ver. Otras veces son conductas aprendidas lo que nos hace reaccionar o hablar de manera poco amable. Si creciste en una casa donde todo el tiempo gritaban, quizá tu gritas también, y lo ves normal, no te das cuenta que hablas gritando. Así que cuando otros te mencionen algo de tu conducta que los ofende, o los hace sentir mal, pídele al Señor que te muestre lo que tú no ves. Las palabras amables y bondadosas aplacan la ira, pueden evitarte discusiones y problemas, pero sobre todo, lo más importante, reflejan el carácter de Dios a través de tu vida. Es un gran privilegio que otros puedan ver a Dios a través de tu vida y tus acciones, de lo que hablas. No te pierdas esta bendición. Tus palabras van a ser sabias cuando reflejen el temor que tienes de Dios. "El principio de la sabiduría es el temor a Jehová ". Tus palabras van a reflejar el tiempo que pasas con Dios. Lo que nos produce deleite lo compartimos con otros sin que nos pregunten siquiera. Cuando vivimos enamorados del Señor hablaremos de sus maravillas y bondades todo el tiempo. Que tú pasión por el Señor se note.

Oremos al Señor para que examine nuestros corazones y podamos reflejar su carácter cuando hablemos con otros. Que anhelemos pasar más tiempo con Él, recibiendo alimento espiritual.

Dia 16: Mi Tiempo de Ocio Habla de Mí, ¿Qué Dice?

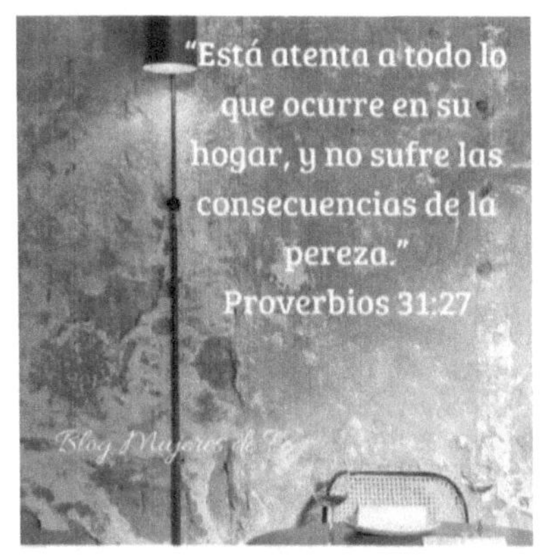

"Considera los caminos de su casa, Y no come el pan de balde." Proverbios 31:27 RVR1960

En el diccionario "no comer pan de balde" significa "no recibir de gracia una cosa, sino por su fatiga y trabajo". En palabras sencillas, podríamos decir que es no esperar que las cosas lleguen de gratis, sino que trabajemos para obtenerlas. Dios creó el trabajo, y aunque nos pareciera a veces que es un castigo, no lo es. Es parte del carácter de Dios que debemos imitar. Tampoco es bueno irnos a los extremos porque Dios mismo nos dio ejemplo al descansar de la creación al séptimo día, y no es porque estuviera cansado. Todo tiene su tiempo, como leemos en Eclesiastés. Así que el problema no está en si debemos trabajar o no, trabajemos o no, nuestro día sigue teniendo 24 horas. ¿Qué hago con el tiempo de ocio? Esa es la pregunta importante que debemos siempre contestar.

Podemos encontrar en la Biblia consejos para toda nuestra vida diaria. Leemos en 1 Timoteo 5:13 "Y también aprenden a ser ociosas, andando de casa en casa; y no solamente ociosas, sino también chismosas y entremetidas, hablando lo que no debieran." Como hijos de Dios, nos exponemos más a las tentaciones de este mundo que nos son ocasión de pecar cuando estamos ociosos. En Ezequiel 16:49 nos dice de esta manera. "He aquí que ésta fue la maldad de Sodoma tu hermana: soberbia, saciedad de pan, y abundancia de ociosidad tuvieron ella y sus hijas; y no fortaleció la mano del afligido y del menesteroso." El tiempo que desperdiciamos en el ocio o la pereza, podría ser utilizado para las obras a las que estamos llamados para el reino. La Mujer virtuosa administra su tiempo, al igual que el tiempo de ocio. Podemos tener descanso, pero ¿que hacemos con nuestro tiempo libre? ¿Nuestro tiempo libre está siendo de edificación a nuestras vidas, o es ahí donde más estamos pecando? ¿Lo que hacemos edifica o nos nutre espiritualmente? ¿Dejamos cosas importantes a las que debemos dedicarnos para estar ociosos? El ocio es una artimaña del enemigo muy utilizada en estos tiempos donde todo parece resolverse y hacerse de forma automática. Somos la generación "fast food" donde todo lo queremos rápido, automático y sin mucho esfuerzo. Trabajamos más horas para pagar que otros u otras máquinas hagan nuestras tareas para que nos sobre más el tiempo. Eso mismo lo hemos enseñado a nuestros hijos. Ya tenemos lavadoras, no lavamos a mano la ropa, secadoras para no ir al tendedero, microondas, llevamos los carros a lavar a los car wash automáticos, hacemos compras online y ahorramos el tiempo de ir a las tiendas, y muchas cosas más. Pero como que cada día se invierte menos tiempo a la familia, al hogar y al servicio del reino de Dios. ¿Donde está el tiempo que hemos ahorrado? Como dice el verso, es una realidad que nos confronta, el que no podemos dar por gracia o por sentado que la educación de nuestros hijos, las tareas del hogar, el orar y estudiar la Palabra juntos y tantos otros detalles van a ocurrir por si solos. Y no me malinterpreten, Dios puede transformar con su poder un hogar, o el corazón de tus hijos, aún el tuyo, por su gracia. Pero Dios nos instruye en su Palabra a invertir nuestro tiempo en lo que permanece. Muchos pecados se maquinan en la mente, y se justifican, en el tiempo de ocio. ¿Que Dios espera de nosotros? ¿Que enseñamos a otros? Mi tiempo de ocio puede llevarme a que otros hablen de mi y eso manche mi testimonio como Cristiano. La Biblia ya nos lo advierte. Peor aún, puede llevarme a yo utilizar mi tiempo para murmurar y hablar mal de otros.

Oremos al Señor para comprometernos a examinar nuestro tiempo libre y que sea su Espíritu Santo el que nos dirija para toda buena obra. Que mi testimonio sea uno que glorifique al Señor y otros vean su carácter en mi.

Dia 17: ¡Llamando a Todos los Esposos y a Todos los Hijos!

Hemos estado estudiando las características de la mujer virtuosa que describe Proverbios 31, y como identificarla en los tiempos que vivimos, ya que las enseñanzas de la Palabra de Dios aplican a todo tiempo. Bien dice en Mateo 24:35 "El cielo y la tierra pasarán, pero mis palabras no pasarán." Y antes de terminar esta serie, hoy le hablamos a todos los que son esposos, novios y a todos los que son hijos.

Existen en muchas mujeres virtuosas en este mundo, que dan testimonio con sus vidas de la transformación maravillosa que sólo Dios puede hacer en las vidas de sus hijos. Conozco mujeres que se levantan al amanecer a orar por sus familias, mujeres que trabajan desde el amanecer hasta altas horas de la noche, que sirven en ministerios sin descuidar su hogar, que son piadosas y tienen misericordia para los que le rodean y son sensibles a sus necesidades; igualmente conozco otras que recién comienzan el camino de la fe, pero tienen una pasión increíble. Y todas ellas tienen algo en común: les gustaría ser apreciadas y amadas. No lo necesitan, porque ellas sirven incondicionalmente y lo hacen para Dios, quien siempre las ve. Por eso llamo a todos los hombres y a todas las mujeres que se rodean de mujeres virtuosas para recordarles que las hagan sentir apreciadas. Quizás eres padre o madre y puedes demostrarle a tu hija la bendición que es tenerla en tu vida. Parte del fruto de la mujer virtuosa es que otros puedan identificar en ella una virtud especial que no es común a la mujer natural, sino a la mujer que ha sido redimida con la sangre de Cristo en la cruz.

Dios nos ha bendecido con personas maravillosas en nuestras vidas y no solo con alguna mujer. Debemos amar y cuidar las personas que nos rodean que de alguna manera u otra nos ayudan, nos bendicen y nos demuestran su amor a través de servicio. Debemos admirar esas personas, mujeres u hombres que crían a sus hijos mientras trabajan y sirven al Señor. Somos más que bendecidos cuando estamos rodeados de ellos. Debemos bendecir a nuestros pastores, quienes sirven en un rol de mucha responsabilidad y a veces se sienten desmayar. De esos bendecir aquellas maestras que imparten cada día la educación a nuestros hijos, ya sea en la escuela o en las clases bíblicas u cuidos de las iglesias. Que el fruto sea recogido y disfrutado. Nuestras palabras de afirmación les ayudará a seguir sirviendo en amor y sabrán que van por buen camino. ¡Varones! Es su tiempo de bendecir. Dios hizo a la mujer sensible a lo que escucha, tus palabras son importantes, debes expresarlas, no solo mostrarlas.

Oremos al Señor para que nos muestre a quien debemos bendecir al apreciar y reconocer lo que hacen por nosotros muestras de ocupan de reflejar a Cristo en sus vidas. Usemos palabras de afirmación y bendición.

Dia 18: La Belleza Eterna

Cirugías bariátricas, maquillaje permanente, cirugías pláticas, extensiones de pelo, implantes...y podríamos seguir mencionando cosas muy costosas y dolorosas que las mujeres hacen "todo por la belleza". Es muy difícil mantener los estándares de belleza del mundo en el que vivimos cuando es tan cambiante y muy pasajera. Antes estaban de moda las cejas finitas, luego las gruesas, y ahora las que están más rellenas. Realmente es agotador poder estar al día con todo eso. Y no crean que estoy en contra de esas cosas. Yo también voy al salón de belleza y no veo nada de malo en eso. El problema es cuando lo que quieres arreglar te define. No puede estar tu identidad en la belleza, ya que la Biblia misma te dice que es vana la hermosura, está vacía, no hay nada en ella que pueda llenar el vacío que llevas por dentro. Engañosa es la gracia, puedes tratar de engañar a otros con tus apariencias y las virtudes que disimules, pero será solo por un tiempo, eso también es pasajero.

Debemos ser sabios e invertir en lo que permanece, en lo que es eterno, y eso es nuestra vida en Jesús. Algunos podrían admirar tu belleza física, pero cuando al verte otros ouno den glorificar a Dios, créeme que la impresión que estás dejando va a marcar una vida para siempre. Más "el corazón alegre hermosea el rostro". Y solo encontramos en Jesús ese gozo eterno, que va más allá de las circunstancias y más allá de nuestras capacidades. Tu apariencía no te define, tu carácter, tus actitudes y tu manera de enfrentar la vida, si te definen. Tu valor no lo ponen los demás y no cambia. Tu valor lo estableció Dios en la cruz del Calvario donde se derramó sangre para poder salvarte. No hay mayor valor que este.

No hay nada más bello que un rostro que se ve radiante por la plenitud del Espíritu Santo en esa vida. Es motivo de gozo cuando alguien nos pregunta si somos cristianos porque se refleja en cómo nos vemos. La Mujer virtuosa enseñará a sus hijos a cultivar la belleza que permanece y dará afirmación a su esposo, quienes también tienen su estima y se comparan a los estereotipos de hoy día.

Oremosnal Señor para que nos ayude a cuidar de nuestro cuerpo, que es templo del Espíritu Santo, pero de la manera correcta, y no basar nuestra autoestima en cómo nos vemos externamente. Igual que no seamos quienes juzguen en otros la belleza externa, sino que aprendamos a ver a las personas como Dios las ve. Que nuestra belleza interior pueda impactar otras vidas para vida eterna.

Dia 19: Porque Somos Mujeres Virtuosas

Hoy es el cierre de la serie de la Mujer Virtuosa de Proverbios 31, adaptándola a los tiempos en que vivimos en el 2018. Pudimos ver muchas cualidades que hacen de esta mujer alguien completamente perfecta. Muchas nos intimidamos a veces por lo que ella implica, pero hemos visto que todo se hace dependiendo del Señor. De Él provienen nuestras fuerzas, nuestra sabiduría y todo lo que hacemos es para Él y por Él. Más que todo hemos sido llamados a ser luz en un mundo que vive en tinieblas. El examinarnos y ver lo que nos falta, es razón suficiente para acercarnos más al Señor para que nos siga transformando como lo ha hecho desde que le conocimos, para nada es motivo de desánimo o frustración porque no es algo que no va a fluir naturalmente en nosotras, más sí es fruto del Espíritu Santo. Es más fácil dedicarnos a amar al Señor en espíritu y en verdad, y su amor a través de nosotras será de bendición a los que nos rodean. Los hombres en nuestras vidas, ya sea padres, esposos, y hasta los hijos deben ser de apoyo a nosotras, mientras nosotras respetamos sus roles en cada lugar. El camino de la Mujer virtuosa comienza desde niña, y no cuando contraemos matrimonio. De hecho, el capítulo instruye a un hijo en que características debe buscar en una mujer para considerarla para una relación matrimonial. Debemos recordar que nuestras palabras de bondad y nuestro carácter solamente va a reflejar lo que tenemos en el corazón y nuestra relación con Dios. Nuestro tiempo debe ser manejado como buenos mayordomos del Señor y nuestras prioridades deben mostrar el carácter de Cristo y que sean de bendición a nuestra familia. Nuestro valor y estima no se encuentra en la belleza externa ni en los éxitos terrenales que podamos alcanzar, nuestro valor descansa en el sacrificio de Cristo en la cruz. Dios nos ha bendecido para bendecir a otros y para que con nuestras vidas otros puedan verle, conocerle y glorificarle. Quiero que estes consciente de que muchas de las cosas que hagas quizás parecerán no ser apreciadas o no reciban unas palabras de gratitud, pero Dios te ve, y somos siervas del Señor, quien merece toda la exaltación y gratitud. Cada vez que actuamos conforme a la voluntad de Dios nuestra vida reflejará su gozo y viviremos la vida abundante que Dios preparó para nosotros.

Recuerda que no estás sola. El compartir con el cuerpo de Cristo, o sea, la iglesia, y con personas que sean de apoyo, no es indicador de debilidad, sino de sabiduría al reconocer que no lo sabemos todo, que no vivimos solas en el mundo, y que el buscar ayuda nos hará más fuertes. Recuerda que aún Moisés necesitó que le levantaran las manos. Prefiero ser débil a los pies del Señor, y humilde ante mis hermanos en la fe, que fuerte en mis propias fuerzas y sabia en mi propia opinión.

Oremos al Señor dando gracias por su Palabra que es lámpara a nuestros pies y lumbrera a nuestros caminos. Pongamos nuestras vidas a los pies del Señor rindiendo todo lo que somos para que sea Él quien nos moldee y nos transforme. Que otros puedan ver en nosotras una mujer virtuosa, separada para Dios, que se goza en bendecir a otros.

Acerca de la Autora

Myrnaly Sepúlveda-Bachier nació en Ponce, PR en agosto de 1974, siendo sus padres, Rafael Sepúlveda y Myrna Bachier; su hermana, Nora Sepúlveda.

En el 2013 contrajo matrimonio con Norberto Gracia. Su hija Nicole Marie y su hijo Vladimir son regalo del Señor.

Obtuvo grado de bachillerato en Ciencias y Tecnología Médica en la Pontificia Universidad Católica de PR, recinto de Ponce en el 1997. Se ha desempeñado como Tecnóloga Médica en un laboratorio clínico privado. Es miembro de la Iglesia Bautista de Glenview, en Ponce, PR. Allí participa del ministerio de la Coral de la Iglesia Bautista de Glenview, y del Ministerio de Damas.

Para el 2015 comenzó el Blog Mujeres de Fe, el cual se comparte en las diferentes redes sociales, con el fin de compartir las enseñanzas cotidianas que se van adquiriendo en el caminar cristiano.

Mujeresdefe.weebly.com
Facebook.com/blogmujeresdefe